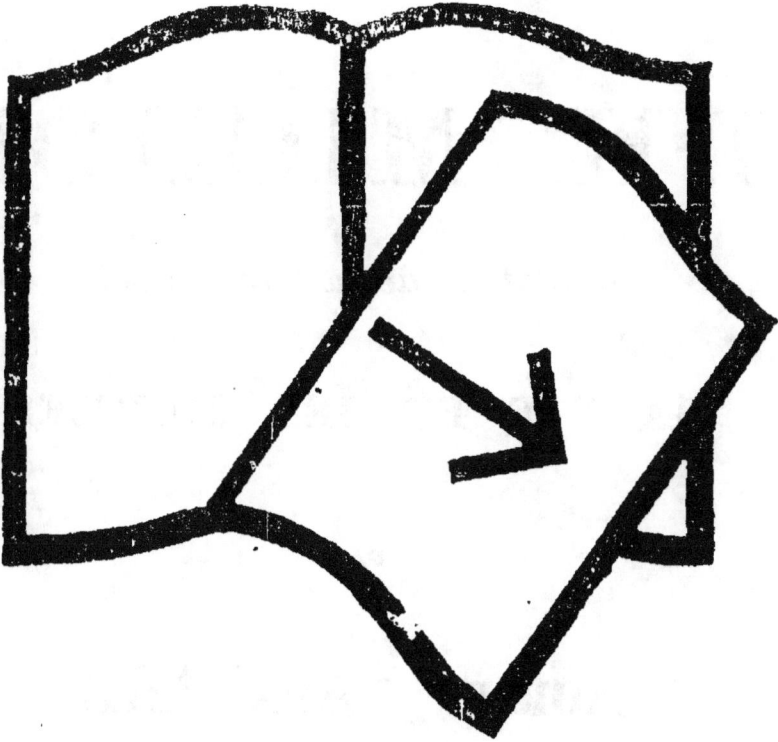

Couverture inférieure manquante

J.-H. MICHON

Fondateur de la Graphologie

SA VIE ET SES ŒUVRES

PAR

Adrien VARINARD

Rédacteur en chef de

LA GRAPHOLOGIE

PARIS

32, Rue de Vaugirard, 32,

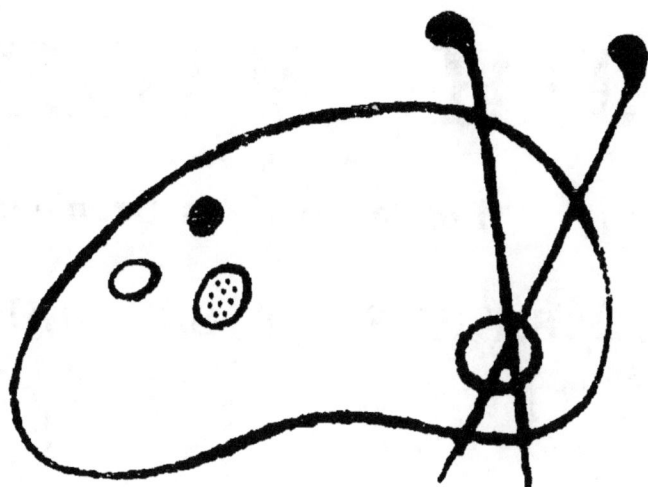

Fin d'une série de documents
en couleur

J.-H. MICHON

Fondateur de la Graphologie

SA VIE ET SES ŒUVRES

PAR

Adrien VARINARD

Rédacteur en chef de

LA GRAPHOLOGIE

PARIS

32, Rue de Vaugirard, 32.

Nécrologie.

Le 8 Mai 1881, M. l'abbé Jean-Hippolyte Michon succombait aux atteintes d'une fluxion de poitrine dans son charmant château de Montausier, près de Baignes-Ste Radegonde (Charente).

C'est une grande perte pour les lettres et les sciences, que M. Michon avait cultivées avec amour et succès pendant sa longue et laborieuse existence.

C'est surtout une perte irréparable pour la graphologie, dont il avait découvert les lois et posé les règles après plus de trente ans de recherches patientes et opiniâtres, d'observations et de comparaisons incessantes, pratiquées sur les manuscrits conservés dans les bibliothèques et les collections.

Il fallait être doué de rares aptitudes pour découvrir des lois que d'autres hommes de génie, tels que Shakespeare, Baldo,

Gœthe et Lavater n'avaient fait qu'entrevoir, sans oser entreprendre la tâche d'en trouver les formules.

Cette mort si rapide, si imprévue, a causé une profonde douleur à tous les amis des sciences, des lettres, des arts et du progrès, à ses amis particuliers, c'est-à-dire à tous ceux qui le connaissaient, car on ne pouvait pas connaître l'abbé Jean-Hippolyte Michon sans l'aimer, tant il était attractif et rayonnant.

Mais les plus durement frappés ont été ses disciples, les adeptes de la graphologie, respectueux et affectionnés collaborateurs, amis du Maître à un titre supérieur, qui l'appréciaient mieux que tous autres, et qui ne savaient ce qu'ils devaient estimer le plus en lui, du cœur ou de l'intelligence.

Jean-Hippolyte Michon est né à La Roche-Fressange (Corrèze) le 21 Novembre 1806, d'une famille de propriétaires aisée et très-estimée. Il fit ses classes au collège d'Angoulème, et son cours de théologie à St Sulpice. Sa riche intelligence lui permettait déjà d'aborder, avec un égal succès, les lettres, les sciences et les arts. Il montrait par dessus tout du goût pour l'histoire et la théologie.

Quand il eut reçu la prêtrise, il ne tarda pas à devenir directeur successivement des écoles ecclésiastiques des Thibaudières, puis de La Valette, en 1840. Sa direction fut si habile qu'elle lui mérita souvent les félicitations de l'autorité diocésaine.

Il avait précédemment fondé (1836) la congrégation de Notre-Dame-des-Anges, principalement de ses deniers, et avec l'aide de quelques personnes qui voulurent le seconder dans cette pieuse entreprise. Mais l'abbé Michon s'est montré toute sa vie peu soigneux de ses intérêts matériels; aussi quoique la congrégation ait rapidement atteint un état de prospérité qui n'a fait que grandir jusqu'à nos jours, le fondateur, victime d'imprudentes responsabilités, fut-il si profondément atteint dans sa situation matérielle qu'il ne s'en releva jamais.

L'abbé Michon était chanoine honoraire

de Bordeaux et d'Angoulême lorsqu'éclata la révolution de 1848; il accueillit avec chaleur la République, ouvertement, comme il faisait en toutes choses. Cependant, tant étaient puissantes l'estime et la sympathie dont il jouissait, même parmi le clergé, malgré ses idées larges, libérales et indépendantes, qu'il ne fut l'objet d'aucune mesure de sévérité. Jamais la soutane ne lui fut retirée; jamais la messe ne lui fut interdite, ni dans cette circonstance, ni dans aucune phase de sa vie, quoiqu'il fût un grand remueur d'idées et qu'il franchît bien souvent, dans ses écrits et ses sermons, les rigoureuses limites imposées par la discipline romaine.

Doué d'un immense besoin d'expansion, d'une activité dévorante et d'un savoir presque universel, il renonça de bonne heure à l'enseignement et refusa une cure qui lui était offerte par M. J. l'Évêque d'Angoulême. Historien, théologien, botaniste, géologue, archéologue, architecte, dessinateur, graveur, possédant une imagination ardente, une éloquence naturelle, simple et entraînante et un véritable talent d'écrivain, il s'adonna pendant plusieurs années, sans partage, aux lettres et à la prédication.

Il parcourut la France, l'Orient, une partie de l'Europe, tantôt prêchant, tantôt faisant des conférences religieuses ou graphologiques, tantôt recueillant les éléments de quelque nouvelle publication, le plus souvent seul, quelquefois en compagnie de savants et d'artistes, comme dans le voyage en Orient qu'il fit avec M. de Saulcy.

Après la révolution de 1848, il se rendit à Paris, où il dirigea la Presse religieuse et l'Européen, feuilles qui furent supprimées sous l'Empire.

Lors du Concile de 1869-1870, l'abbé Michon se prononça contre l'infaillibilité pontificale, dans un écrit adressé au Cardinal Antonelli, et déclara que « la promulgation du nouveau dogme ne rencontrerait, dans le monde religieux lettré, qu'une incrédulité absolue ».

Cette déclaration fut un élan spontané et sincère dans le but de s'opposer à la définition du dogme. L'abbé Michon sentait là un danger pour le catholicisme, et il criait casse-cou. Cependant après la promulgation du dogme, le théologien garda le silence et le haut clergé, toujours disposé à ménager les hommes de valeur pour ne pas s'en faire des ennemis, peu favorable, dans le fond, au dogme de l'infaillibilité, et peut-être enchanté d'avoir trouvé un porte-voix, feignit de n'avoir pas entendu le cri d'alarme. Grâce à cette transaction tacite, tout se passa pour le mieux, et l'abbé Michon ne fut pas inquiété.

Il arriva plus d'une fois à l'abbé Michon, dans le cours de sa vie, de se conduire en enfant terrible, sans encourir les foudres de l'Église. Il profita plus d'une fois de cette immunité pour jeter au vent de la publicité des pensées toujours justes et morales, mais souvent peu conformes à la stricte orthodoxie romaine. Sa foi avait plutôt pour objectif l'Évangile que les bulles du pape ou les décisions des conciles, et il prenait toutes ses aises quand il parlait du Syllabus.

Son bagage littéraire est considérable, voici la liste de ses principaux ouvrages :

1° Histoire de l'Angoumois, d'après un manuscrit de Vigier de la Pile.

2° Vie de Rose Gilbert de Héris (1841, in-12).

3° Vie de Jean-Joseph-Pierre Guigou, évêque d'Angoulême (1844, in-8°).

4° Statistique monumentale de la Charente (1) (1844-1848, in-4°).

5° La femme et la famille dans le catholicisme (1845, in-8°).

6° Conférences à St-Thomas d'Aquin, lettres au clergé de France (1848, in-12).

7° Monographie du château de Larochefoucauld (1848, in-4°).

8° Conférences sur la religion (1850, in-8°).

9° Solution nouvelle de la question des Lieux-Saints (1852, in-12).

10° Voyage religieux en Orient (1854, 2 vol. in-8°).

(1) Cet ouvrage archéologique est le chef d'œuvre de l'auteur au point de vue historique et artistique, et suffirait pour préserver son nom de l'oubli. Nous citerons plus loin ses romans anonymes, qui eurent un immense retentissement vers la fin de l'Empire.

11° Conférences de la Trinité (1856, in-12).

12° Conférences populaires au faubourg Saint-Antoine (Paris, 1 vol. in-18).

13° Les Archevêques de Paris (1857, in-32).

14° La Révolution et le clergé (1858, in-32).

15° Le progrès et l'importance politique des idées gallicanes (1858, in-32).

16° L'Italie politique et religieuse (1859, in-8°) (I).

17° De l'agitation religieuse (1860, in-8°).

18° De la crise de l'Empire (1860, in-8°).

19° Projet de solution de la question romaine (1860, in 8°).

20° De la rénovation de l'Église (1860, in-8°). (II).

21° Le Concordat, cause de conflit entre le Clergé et l'Empire (1862, in-8°).

22° Apologie chrétienne du XIX° siècle (1863, in-12).

(I) L'auteur propose pour trancher la question italienne relative au pouvoir temporel, d'installer le siège de la papauté à Jérusalem (1859, in-8°).

(II) Ce livre a été mis à l'index et la vente en fut arrêtée pendant la vie de l'abbé Michon.

23° Leçons préliminaires à M. Renan sur la "Vie de Jésus" (1863, 2 vol. in-12).

24° La Vie de Jésus, suivie des évangiles parallèles (1865, 2 vol. in-8°).

25° La grande crise du christianisme (1870).

26° « Manuel du jeune élève », à l'usage de l'école des Thibaudières.

27° La Révolution plébéienne, lettres à Junius-Alexandre Dumas, fils (Juin 1871, in-4°).

28° La Graphologie, journal paraissant deux fois par mois, depuis 1873.

29° Méthode pratique de Graphologie (1875).

30° Système de Graphologie, l'art de connaître les hommes d'après leur écriture.

31° Dictionnaire des notabilités contemporaines jugées d'après leur écriture, paraissant par livraisons, non terminé.

32° Histoire de Napoléon 1er, jugé d'après son écriture.

En 1872, il avait publié, en collaboration avec Desbarolles, sous ses prénoms Jean-Hippolyte, un volume in-8° intitulé : Les Mystères de l'écriture, art de juger les hommes sur leurs autographes.

L'association de l'abbé avec l'apôtre de la chiromancie ne fut pas de longue durée. L'abbé ne croyait pas à la chiromancie, et il n'avait accepté la collaboration de Desbarolles qu'à cause de la grande notoriété de ce dernier. Desbarolles, de son côté, cherchait à absorber son collaborateur et à s'attribuer, aux yeux du public, le mérite de la création de la graphologie. De longs débats s'ensuivirent et le graphologiste rompit toutes relations avec le chiromancier.

Sans prendre parti dans cette querelle qui fit couler des flots d'encre, nous ferons remarquer que Desbarolles est le seul homme qui, ayant été en contact par la pensée et en communauté de travail avec l'abbé Michon, ne soit pas devenu et resté son ami. Cette remarque n'est pas à l'avantage du chiromancier.

Nous avons parlé plus haut de romans anonymes qui avaient eu un grand retentissement vers la fin de l'Empire. Nous faisions allusions à cette série de romans,

ou plutôt d'ouvrages sérieux parus sous
forme de romans. Ils étaient empreints
d'un profond sentiment de philosophie et de
moralité, flagellaient les abus attribués
à la congrégation des Jésuites et causèrent
un vif émoi dans le clergé.

Qui ne se rappelle, comme s'ils dataient
d'hier :

33: Le Maudit.
34: La Religieuse.
35: Le Moine.
36: Le Jésuite.
37: Le Curé de campagne.
38: Le Confesseur.
39: Les Mystiques ?

L'abbé Michon n'avoua jamais la
paternité de ses livres.

Aujourd'hui nous la révélons sans
remords dans cette notice nécrologique.
Pourquoi jouerions nous au mystère ? Tout
le monde sait à Baignes Ste Radegonde,
jusqu'au dernier paysan, que « M. l'abbé »
a écrit le Maudit et la série qui l'a suivi,
et personne ne l'en blâme, au contraire.

Si Jean-Hippolyte Michon eût été un ambitieux, dans le sens vulgaire, l'occasion était belle pour arriver subitement à la fortune et à une bruyante célébrité, surtout à la veille de la proclamation de la République, qui suivit de près le dernier volume de la série. Mais il eût fallu rompre « avec la prêtrise, jeter le froc aux orties ». Or aucune considération n'eût jamais pu le déterminer à se soustraire à ses vœux ecclésiastiques librement prononcés.

Ce fut un frein qui modéra toujours son ardent amour pour la vérité et son besoin d'expansion.

Fut-ce un bien ou un mal ? Nous n'avons pas à nous prononcer ; nous nous contentons de signaler le fait.

A ses yeux et à ceux de ses disciples, son véritable titre à l'immortalité, laissant loin en arrière la Statistique monumentale de la Charente, le Voyage en Orient et la série du Maudit, c'est la découverte de la science nouvelle, la Graphologie, qu'il propagea d'abord avec difficulté ; actuellement elle est répandue dans toute l'Europe.

Son travail capital est le Système

de Graphologie qui contient la classification graphologique; la Méthode pratique de Graphologie.

Cette découverte eut des débuts difficiles. Elle eut pour adversaires tous les ignorants, les frondeurs, les journalistes et, parmi les gens instruits, les hommes à préjugés et les sceptiques. Elle valut à l'abbé Michon des critiques et des injures dans les journaux, qui ne se firent pas faute de le traiter de "rêveur," d'illuminé et même d'ignorant et de charlatan.» Dans la notice très-étendue mais pleine d'erreurs que Larousse lui a consacré, le pauvre inventeur est fort maltraité. Nous y relevons cette boutade : « (Il) fit des con-férences à Paris pour exposer une science nouvelle destinée à faire connaître le carac-tère des individus par l'inspection de leur écriture, et qu'il appelle la graphologie. Rien n'est plus ingénieux ; mais il reste à savoir comment l'excellent abbé s'y prend pour deviner le caractère des per-sonnes qui n'en ont pas. »

Larousse a été mal inspiré en voulant

faire de l'esprit, ce qui ne paraît pas être dans ses moyens. S'il se fût contenté d'avoir du bon sens, il aurait compris que, si l'écriture révèle le caractère d'un homme, elle révèle tout aussi bien son absence de caractère. Une personne qui ne possèderait ni cœur ni intelligence, ni aptitudes, ni goût, ni passions, ni volonté, aurait une écriture négative. Tous les graphologistes savent cette vérité élémentaire; et nous n'insistons pas davantage sur la plaisanterie mal réussie de Larousse, puisque cet article nécrologique sera lu presque exclusivement par des graphologistes.

Consolons-nous du dédain et des mésaventures que la graphologie a eue à subir à son apparition. Rappelons-nous que la jouissance de la vapeur avait été niée, au point de vue pratique, par des hommes supérieurs, parmi lesquels M. Thiers, qui ne se servirent pas moins, plus tard, des chemins de fer. Rappelons-nous également que l'électricité, ~~connue~~ par les Grecs, il y a plus de deux mille ans, ne servit, pendant des siècles, qu'à des expériences futiles pour amuser les enfants, et qu'elle est sorties seulement depuis quelques années, des cabinets de physique pour être appliquée utilement à la télégraphie, à l'éclairage, etc.—

Les astronomes n'ont-ils pas été longtemps confondus avec les astrologues et les chimistes avec les alchimistes?

La graphologie n'a pas eu un si long noviciat. Elle est sortie du premier âge critique; elle « a fait ses dents. » C'est à peine si le gros public, le profanum vulgus, et les journalistes nous classent encore avec les sorciers, les nécromanciens et les jeteurs de sorts.

Notre société est fondée. Elle est composée, en grande partie, de médecins, surtout de médecins aliénistes, d'ecclésiastiques, de magistrats, d'avocats, d'hommes de lettres, de personnes appartenant à l'aristocratie nobiliaire ou financière et de grands commerçants. Enfin, elle compte parmi ses membres des femmes distinguées par le talent ou par la naissance.

De nombreux disciples ont étudié sérieusement les principes enseignés par le Maître dans ses écrits et ses conférences. L'un d'eux, l'auteur de cette notice nécrologique, s'est chargé de poursuivre la publication du journal et de continuer l'œuvre du Maître.

Il compte sur le concours de tous les adeptes, afin que le journal soit plutôt l'œuvre collective de la société que celle d'un seul de ses membres.

La voie ouverte ne sera donc pas abandonnée. Plus tard, lorsque grâce à la graphologie, chacun se connaîtra soi-même et connaîtra toutes les personnes avec lesquelles il aura des rapports d'intérêts ou d'affection; lorsque les faussaires seront dévoilés au moyen d'investigations méthodiques et scientifiques, comme il est déjà arrivé devant quelques tribunaux, à la grande confusion des experts jurés qui n'ont pour eux que la routine; alors la graphologie sera universellement reconnue, comme l'astronomie et la chimie; elle ne sera plus considérée comme un jouet ni comme une mystification; elle sera pratiquée avec autant d'utilité et d'une manière aussi pratique que la vapeur et l'électricité.

Jean-Hippolyte Michon ne sera plus discuté ; des statues lui seront élevées, comme à Franklin, qui désarma le ciel de la foudre (eripuit cœlo fulmen), comme à Galilée, qui constata le mouvement de la terre.

La mort a frappé trop tôt l'inventeur, encore plein de vigueur et de jeunesse malgré ses 74 ans et en pleine production intellectuelle.

Il n'avait eu le temps de jouir ni de ses triomphes scientifiques, ni du nid qu'il s'était fait pour s'y reposer quand l'heure serait venue.

Il avait à peine terminé, dans un jardin touffu qu'il planta, il y a trente ans, son délicieux château de Montausier, blanc comme la neige, dont il fut l'architecte, le constructeur et le sculpteur. Il y vivait dans l'intimité de la famille, avec sa belle-sœur, sa nièce, son neveu et sa chère petite nièce, ravissant bébé de dix-huit mois qu'il idolâtrait et qui le lui rendait de toutes les forces de son petit cœur.

C'est sur les pelouses de Montaussier, à l'abri d'une vaste tente, que se réunit l'année dernière, au mois de Juillet, le premier Congrès de graphologie. L'abbé y déploya, comme toujours, une activité infatiguable, et sa voix sonore s'y fit entendre sans faiblir, pendant les six séances, bien au delà de l'espace occupé par les nombreux assistants.

La vigueur, la vivacité, l'entrain, la gaîté, la jeunesse réelle de l'orateur donnaient un démenti à son extrait de naissance et semblaient lui assurer de longues années d'existence et de travail.

Hélas! en nous séparant de lui, aucun de nous ne songea qu'il serrait sa main loyale pour la dernière fois.

Son activité ne l'abandonna pas un instant. Levé avec le jour, il travaillait sans cesse, reposant son cerveau par la fatigue du corps. Il suffisait à tout, composait son journal, taillait les arbres de son jardin, écrivait un article pour son Dictionnaire des notabilités, achevait une sculpture sur la façade du château, faisait des boutures, traçait un portrait graphologique, promenait sa petite nièce, la roulait sur le gazon et lui racontait de belles histoires à la grande jubilation de l'enfant, qui riait aux éclats, tirait son grand-oncle par la barbe et lui faisait toutes sortes de mignonnes agaceries.

C'étaient des scènes gaies et touchantes dignes du pinceau de Greuze.

Tous les dimanches il disait la messe dans l'église de Baignes, sa paroisse.

Le 13 Mars dernier, quelques semaines avant sa mort, à l'occasion d'une fête pour la pose de la statue de la République et la plantation d'un arbre de la liberté, il dit la messe, fit ensuite, en tenue laïque, un patriotique discours sur la place publique, en présence du Préfet de la Charente et du sous-Préfet de Barbezieux, des principales autorités de l'arrondissement et d'une foule immense que, durant plus d'une heure, sa chaleureuse éloquence retint attentive. Le soir il prit part à un banquet, où il porta un toast. A ce moment, cependant, il était déjà très-malade, quoique la fluxion de poitrine ne se fût pas encore déclarée. Mais il semblait que rien, ni l'âge, ni la souffrance, ni le labeur, ne pût abattre les forces et le courage de cet homme, aussi fort qu'enthousiaste et doux, ni affaiblir le timbre de sa voix.

Le 8 Mai, vers le soir, il était emporté par la fluxion de poitrine, compliquée d'une maladie de cœur.

Sa mort fut un deuil public pour sa commune de Baignes, qu'il aimait tant, où il était chéri comme un père.

Un cortège immense l'accompagna à sa dernière demeure.

La plupart des journaux des Charentes et des départements voisins payèrent un juste tribut d'éloges à l'illustre défunt, dont les aptitudes étaient presque universelles et la bonté sans bornes.

L'Opinion des Charentes lui consacra un article de trois colonnes, qui serait presque tout à reproduire ici. Nous ne pouvons résister au désir d'en citer quelques lignes,

qui rendent bien la physionomie du défunt —
à un point de vue spécial :

« Comme prêtre, dit ce journal, il avait
« dégagé sa foi chrétienne des subtilités intéres-
« sées de la cour de Rome, et refusé les règles
« imposées par les jésuites au clergé catholique.
« Pour lui, le christianisme était la religion
« prêchée par Jésus enseignant l'humilité,
« l'amour de ses semblables, la haine du mal
« et la recherche du bien. Il ne pouvait com-
« prendre qu'on eût transformé ces doctrines si
« simples en cet enchevêtrement confus de mys-
« tères, par lesquels on saisit l'homme dès
« le berceau et on l'enchaîne jusqu'à la mort.
« Il se demandait avec épouvante, pour l'avenir
« du christianisme, comment l'Église romaine,
« partant de l'Évangile, avait pu arriver au
« Syllabus.

« L'abbé Michon était un adepte fervent
« des doctrines libérales. Il était profondément
« républicain. « Je suis républicain, disait-il,
« parceque je suis fils du Christ. »

Deux discours furent prononcés sur sa
tombe par ses amis, M. Sicard et M. Daviaud.

Nous empruntons à M. Sicard le
passage suivant :

« .... L'abbé Michon était une nature
« d'élite : intelligence, esprit, talent d'une part ;
« d'autre part, affabilité, grandeur d'âme, bonté
« de cœur, étaient autant de qualités qui, sem-
« blables à un aimant, attiraient forcément et
« involontairement vers lui tous ceux qui avaient
« déjà eu l'occasion de l'approcher quelques
« instants. Tous indistinctement, paysans, ouvriers,
« bourgeois, trouvaient le même accueil gracieux
« et sympathique. Aux uns un mot pour rire ;
« aux autres un avis amical et une anecdote
« de circonstance, à ceux-ci un récit fantaisis-
« te et amusant, puisé dans les souvenirs de
« ses nombreux voyages, à ceux-là un expo-
« sé de ses doctrines scientifiques. Il en avait
« pour tous et sa verve intarissable laissait
« chacun sous le charme de cette parole souple,
« moëlleuse et éloquente à la fois.

« Est-il un seul d'entre nous, Mesdames
« et Messieurs, qui ait perdu le souvenir de ces
« charmantes et intéressantes conférences, où
« l'homme du monde le disputait à l'homme

« de science », et qui attiraient dans notre petite
« ville ces nombreux étrangers accourus pour
« entendre la voix, pour ainsi dire harmonieuse,
« de cette illustration dont nous avions le droit de
« justement nous enorgueillir ?

« Et comment, en effet, n'en aurions-nous pas été
« fiers, en songeant que l'homme bon et aimable qui
« nous amusait et nous instruisait dans ses conver-
« sations intimes, était ce même orateur qui, dans
« ses brillants sermons, avait fait accourir les foules
« dans les églises de St Roch et de la Trinité, à Paris,
« et avait rempli de sa vibrante éloquence, les voûtes
« de St Dominique, à Bordeaux !

« Il avait renoncé aux fatigues des voyages,
« il avait fait abstraction de la gloire et des hon-
« neurs que lui avait valus, dans les grands centres,
« une réputation justement acquise ; il ne lui
« restait plus qu'à se reposer dans son château
« de Montausier, dans l'otium salutare d'une
« vieillesse encore verte.

« C'est à ce moment psychologique, où se
« recueillant dans le calme profond d'une paisi-
« ble retraite, il se disposait à coordonner ses
« travaux, fruit de ses nombreux voyages

« scientifiques et de ses longues méditations;
« où il promettait encore à ses concitoyens,
« qu'il affectionnait si cordialement, de beaux
« jours de fête qui leur auraient procuré la douce
« satisfaction d'aller entendre à nouveau les
« accents de cette voix si sympathique; c'est à
« ce moment, dis-je, que la mort cruelle et
« inflexible est venue briser ses projets et
« anéantir ses espérances. »

M. Daviaud, après avoir rappelé
la vaste intelligence de l'abbé Michon, son
savoir encyclopédique, sa chaude éloquence,
son caractère expansif et son cœur d'élite, a
terminé ainsi qu'il suit son discours:

« Son attache à l'une des formes par-
« ticulières de la religion universelle, n'a jamais
« altéré l'indépendance de sa pensée. Il n'y
« avait, à ses yeux, aucune contradiction entre
« la foi au Dieu vivant de l'Évangile, à ce
« Dieu qui était venu non pour détruire,
« mais pour accomplir, non solvere, sed adim-
« plere, et la croyance à la perfectibilité in-
« définie. Pour lui, la mission de l'homme
« dans le monde ne se terminait pas aux limites

« de cette courte étape que nous appelons
« plus spécialement la vie, et qui n'est qu'un
« des points de la vie éternelle. Telle est aussi
« ma foi. Tout n'est donc pas fini pour nous
« ni entre nous, mon vieil ami ! Nous nous
« retrouverons avec nos affections plus pro-
« fondes et plus vives.

« Au revoir donc ! »

Nous avons bien vivement regretté de
ne pouvoir aussi dire quelques mots
d'adieu à l'homme de bien qui nous a
enseigné la Graphologie. Séparé de Baignes
par une distance que le chemin de fer et
le courrier de Barbezieux mettent près de
vingt-deux heures à franchir, nous
serions arrivé après la cérémonie fu-
nèbre, quoique informé de la mort par
télégramme reçu le 9 après midi.

Les adieux que nous n'avons pu
lui faire au champ du repos, nous les
lui adressons ici, du fond du cœur, par cette
notice nécrologique, dans son propre journal
la Graphologie auquel nous avons quelquefois collaboré pendant sa vie,

et dont nous avons pris la résolution de continuer la publication après lui, pour vu que cette tâche ne soit pas trop écrasante pour nos forces.

Ces adieux, nous les adressons à notre bien aimé Maître, non seulement en notre propre nom, mais sans crainte d'être récusé par personne, au nom de tous les abonnés du journal et de tous les membres de la Société de Graphologie.

Du château de Montausier, le 7 Juin 1881

Ad. Varinard.

Discours
de L.N. Coculet, peintre-décorateur
à Baignes-Ste Radegonde.

Un ouvrier de Baignes devait prononcer un discours, au nom de la classe ouvrière, sur la tombe de l'homme de bien que tout le pays pleurait.

L'émotion l'en empêcha. Ses larmes coulèrent et il ne put prendre la parole.

Ce discours était écrit; il nous fut communiqué. Nous le publiâmes dans la Graphologie où il fut lu avec d'autant plus d'intérêt qu'il est empreint d'un accent touchant de simplicité et de sensibilité vraie qui montre, sans fard, l'estime et l'affection dont l'abbé Jean-Hippolyte Michon était entouré par les habitants de sa Commune.

Nous reproduisons ce discours in extenso, sans avoir eu besoin d'y faire ni correction ni retouche.

« Mesdames et Messieurs,

« C'est peut-être téméraire de ma part
« d'apporter ici, sur cette tombe, mon tribu-
« d'hommages respectueux à la mémoire de
« l'homme sympathique dont nous pleurons
« tous la perte douloureuse.

« C'est au nom des ouvriers, qu'il a tant
« aimés, que moi, pauvre travailleur, je par-
« lerai.

« Ah ! que ne possède-je, en cet instant,
« le merveilleux talent d'orateur de ce cher et
« regretté défunt, pour retracer, à grands
« traits, la vie laborieuse de cet honnête
« citoyen.

« Vous parlerai-je de ses études scienti-
« fiques sur la Graphologie, dont M. l'abbé
« Michon est l'inventeur, et qu'il a su défi-
« nir avec une finesse et une pénétration
« d'esprit vraiment remarquables; il a dévoilé
« les mystères de l'écriture, impénétrables avant
« lui et les a rendus accessibles à tous, par
« une méthode des plus lucides.

« C'est son ardent amour pour la

« grande famille de l'humanité, dans ce
« qu'elle a de bon, de grand, de généreux, qui
« l'a conduit à cette utile découverte, pour
« signaler les vices et les mauvais instincts du
« cœur, qu'il a ainsi stigmatisés pour en ins-
« pirer l'horreur !

    « C'est par cette étude approfondie de
« la science de se connaître soi-même par
« la forme de l'écriture, que M. l'abbé Mi-
« chon espérait amener l'homme à se cor-
« riger de ses défauts et à devenir meilleur.

    « Son désintéressement était proverbial;
« il eût pu acquérir de la fortune, des hon-
« neurs, des dignités; l'épiscopat lui eût été
« d'un facile accès; il a préféré se rendre
« utile à tous, en prodiguant toujours son
« talent, son bien et sa personne, s'oubliant
« lui-même pour apporter un soulagement
« quelconque aux peines des autres.

    « M. l'abbé Michon aurait voulu l'ex-
« tinction du paupérisme, non par d'avilissan-
« tes aumônes, mais par l'instruction d'abord,
« et, ensuite, par le travail générateur pro-
« curé à ceux qui sont dans le besoin par

« ceux qui possèdent et dont, souvent, hélas !
« l'égoïsme et l'avarice sont une des plaies sai-
« gnantes de l'humanité.

« Et, dans sa tendre sollicitude pour les
« malheureux, que de généreux efforts n'a-t-il
« pas faits pour arriver à ce but philanthropi-
« que !

« Que d'exemples d'abnégation et d'ingé-
« nieuse initiative n'a-t-il pas donnés pour
« démontrer que, par le travail intelligemment
« distribué aux besogneux, on relèverait la
« dignité des pauvres gens, en leur procurant
« du bien être moral et matériel

« Esprit bienveillant, délicat et distingué,
« il savait se mettre gracieusement à la portée
« de ceux qui avaient l'honneur de l'approcher.

« Son aménité pour tous n'avait d'égal que
« ses hautes connaissances et son ardent désir
« d'être utile à son pays !

« La ville de Baignes, en deuil et cons-
« ternée, conservera longtemps le souvenir de
« ce grand citoyen. »

                    « L.N. Coculet, peintre. »

Portrait
de
l'abbé J. H. Michon.

Jean-Hippolyte Michon, le père
de la Graphologie, lui qui a fait des milliers
de portraits, est mort sans avoir laissé le sien.

C'est un malheur ! l'image du Maître,
taillée dans le vif par lui-même, eut été à
coup sûr, un chef d'œuvre, grâce aux riches
matériaux qui auraient été fournis par le
modèle et au talent inimitable de l'artiste.

Ce portrait, nous allons le tenter.
Nous allons essayer à rendre l'origal, la
douce et noble physionomie de l'homme
aux aptitudes et au savoir presque univer-
sels, qui a écrit d'audacieuses vérités, sans
souci du danger, traité les questions les
plus diverses : théologie, archéologie, histoire,
arts plastiques, politique, graphologie, et a
osé représenter, d'après nature, les hommes
vivants les plus redoutables de notre époque
par leur puissance temporelle ou spirituelle :

les papes Pie IX et Léon XIII, le père Beck,
général des jésuites, deux évêques, pour l'un
desquels il a conclu à la folie; Victor Emma-
nuel, Cavour, Bismark, Gambetta et tant
d'autres, parmi lesquels la frénétique confé-
rencière Louise Michel, qu'il a déclarée
relever, non de la justice des hommes, mais
de l'hospice des aliénés.

Nous engageons nos confrères en graphologie, à la collaboration desquels nous
avons fait appel dans notre premier numéro
à faire la même tentative de leur côté. L'écriture de J. H. Michon est si riche, que chaque
adepte peut la fouiller dans l'espoir d'y découvrir quelque nouveau signe jusque-là échap-
pé aux investigations et propre à compléter
la ressemblance.

Esquissons d'abord à grands traits cette
figure éminemment française, vive, hardie,
fine, souple, spirituelle et pleine de con-
trastes.

Trois dominantes frappent de prime
abord le regard de l'observateur:

1º La direction ascendante des lignes,

qui dit : ardeur ambitieuse, indisciplinée, prête à lutter ;

2° La forme serpentine des lignes, révélant des aptitudes diplomatiques ;

3° La combinaison de l'intuition et de la déduction.

L'intuition, ou production d'idées (idéalisme, théorie, utopie), lettres disjointes, mots coupés, fractionnés : d émons t rat ion, imp arti alité.

Démonstration

imp articulité

La déduction, ou logique (raisonnement, vue du côté pratique des choses, puissance d'assimilation, terre à terre, routine, quand il y a excès, ou qu'il y a absence d'idéalisme) :

auxquelles de droit

Mots ou fractions de mots dont les lettres sont liées ; mieux encore : finale d'un mot ou barre d'un t liée à la première lettre du mot suivant : dont le je vous

Dans cette écriture, la combinaison de l'idéalisme et du positivisme est originale et excessive. Elle revêt un caractère typique extrêmement rare qu'on ne rencontre que dans le graphisme de quelques intelligences supérieures.

Le penseur, le théoricien auquel nous devons la découverte des lois graphiques, ne se contente pas de disjoindre ses lettres; il coupe les mots, les rompt en plusieurs fragments, qu'on retrouve comme projetés au hasard par l'effet d'une explosion.

L'assimilateur, le réalisateur qui, après avoir découvert les lois, a formulé les règles; qui, en d'autres termes, a mis la théorie en pratique, ne se borne pas à unir par des déliés les lettres dans les mots ou les mots dans les lignes, comme la plupart des logiciens. Le cardinal de Mazarin, qui était un logicien excessif, unissait non-seulement toutes les lettres dans les mots, mais encore tous les mots dans les lignes. Mais Mazarin était purement déductif;

il vivait dans le terre-à-terre du raisonnement ; il ne voyait absolument que le côté
positif de la vie. Il vivait en quelque sorte
enfermé dans une prison sans ouverture
où la lumière de l'initiative ne pénétrait
jamais.

J. H. Michon n'était pas logicien d'après
le type de Mazarin. Il l'était par accès ; mais
alors, avec obstination, avec emportement :
la dernière lettre de la dernière section d'un
mot coupé, haché, disséminé par la puissance explosive de son intuition, lance vivement un long délié avec lequel elle saisit
la première lettre du mot suivant et l'enlève
en la séparant avec brusquerie de la seconde
lettre.

C'est plus qu'une jonction, c'est une
prise de possession, c'est un rapt.

Telle est, par excellence, l'organisation
encyclopédique apte à s'étendre à la plupart
des connaissances humaines.

Cette dominante est la plus remarquable des trois. Elle est si typique que
nous la considérons comme un signe nouveau.

Nous lui avons déjà donné un nom sous réserve du contrôle de l'assemblée générale.

Nous regrettons que les clichés, dont l'exécution a précédé notre texte, soient insuffisants.

Le sens esthétique, ou amour du beau, de la forme, aptitude artistique est nettement affirmé par ses deux manifestations — signe graphique :

Majuscules là où la grammaire veut des minuscules : Considèrent dans le fac simile de 8 lignes ci-après : le prétendant Duc pour duc ;

Disposition à l'enthousiasme par le grandissement des choses, signe graphique :

Majuscules se rapprochant de la forme typographique :

France Temple

Le spiritualisme, qu'il ne faut pas confondre avec l'idéalisme : écriture grêle, peu appuyée, courant sur le papier, qu'elle ne fait qu'effleurer, points sur les i petits et placés hauts. Absence de sensualité :

On ne doit jamais
redouter la vérité

la sensualité est caractérisée par des lettres
renflées par le milieu ou comme écrasées
et semant autour d'elles des éclaboussures
d'encre. Rien de tel dans ce graphisme.
    La variabilité des impressions :
lettres d'inégale hauteur.

                En Vérité

    La vivacité pouvant aller jusqu'à
l'emportement : longues barres des t

                une ptent

    Le despotisme, amour ou habitude,
du commandement : barre du t placée
trop haut, signe peu fréquent dans
le modèle qui pose devant nous, à

            Jules Claretie

cause de sa douceur et de la faiblesse
de sa volonté. Aussi ses barres sont-

elles minces, filiformes ; mais la tendan-
ce au commandement n'en est pas moins
réelle.

La ténacité, seule révélation de la
volonté dans son écriture : barres des t
et finales des mots terminées par un crochet, un croc anguleux : « Je suis faible

mon illustre

peintre

de volonté, disait lui-même J. H. Michon ;
mais je m'accroche comme un boule-
dogue avec ses crocs, et je tâche de ne
pas lâcher prise. »

L'originalité : formes particuli-
ères et bizarres des mots :

Dauphin

grephtologie

voir deux fois les mots : dans tous les,
du fac-simile de 8 lignes.

La finesse acquise par la connaissance des hommes et des choses : mots
gladiolés ou terminés en pointe.

La versalité ou volonté changeante
(lettres sautant brusquement au-dessus
et au-dessous de la ligne) :

Elisabeth Clovis viens

L'orgueil par comparaison : Les M et
les N, dont le premier jambage est plus
élevé. Voir Normandie, dans le fac-simile
de 8 lignes. Le signe n'est pas très-fré-
quent dans l'écriture de l'abbé Michon.

Livre Mystique

Cet homme était bon, bienveillant, simple
avec tout le monde, surtout avec les
humbles ; mais il avait le sentiment de
sa valeur et se redressait quand il se
voyait traité de pair à pair par des
nullités ou des médiocrités prétentieuses.
Le cœur aussi bien doué que la
tête, nous donne :
La sensibilité : inclinaison des
lettres. Le scripteur a beau réagir

contre sa sensibilité et redresser ses lettres autant qu'il le peut, la nature reprend le dessus, et après quelques lettres presque droites, l'inclinaison revient: Charles-Louis. — Louis-Charles.

La douceur: lettres arrondies, formant à la base des courbes et non des angles, des n et des m ressemblant à des u, comme:

Devant

La signature, surtout, était caractéristique; elle se lisait Michou et non Michon.

La bienveillance, résultante de la sensibilité et de la douceur.

Le rayonnement. Les rayonnants sont le contraire des égoïstes. Ils aiment l'humanité entière: Les M majuscules qui commencent les mots, unis à la lettre suivante. Absence du crochet rentrant des natures concentriques ou égoïstes, qui rapportent tout à elles-mêmes ou restreignant leurs affections dans un cercle très-

étroit, dont elles se considèrent comme
le centre.

La simplicité : absence complète de
fioritures, d'ornements inutiles, indice de
prétentions, de pose, du contentement de
soi-même.

Le désordre, brochant sur le tout,
tête, cœur, aptitudes : intervalles inégaux
entre les lignes, mots tantôt gros, tantôt
petits, lettres inégales dans le même mot.
L'inégalité des mots entre eux et des lettres
dans le même mot signifie proprement :
variabilité du baromètre à impressions.
Mais cette variabilité est elle-même une
cause de désordre dans l'esprit et dans le
cœur, et elle donne une remarquable
intensité au signe propre du désordre,
lorsqu'elle existe conjointement avec l'in-
tervalle inégal des lignes.

Telle est notre esquisse, plus longue
que ne le sont la plupart des portraits
complètement finis. N'est-ce pas la
meilleure preuve que la mine est riche!
Riche, en effet, est cette mine scripturale,

inexorable que je vois affirmer qu'elle
[s']assemblent comme du grec ressemble
à du chinois

Et d'abord le prétendant Duc de
Normandie signe Charles-Louis.

Et dans tous les titres qui se trouvent aux
archives nationales, dans tous les papiers relatifs
aux prisonniers

dans laquelle on ne sait ce que l'on doit
le plus admirer de la tête ou du cœur.
(Voir le fac-similé ci-dessus).

Un coup d'œil sur la vie de J. H. Michon
nous montrera l'influence qu'a eue dans son
existence chacun des signes constatés.

Aussitôt sorti de Saint-Sulpice, il se
livra à l'enseignement. Il débuta par le
collège communal de Larochefoucault
(Charente) et quoiqu'il y ait de cela un
demi siècle, son souvenir n'y est pas encore
effacé.

Il fonda peu de temps après Notre-
Dame-des-Anges, à Angoulême. Cet
établissement est en pleine prospérité.

Il publiait déjà quelques opuscules.

Partout où il passa, dans tout ce
qu'il fit ou écrivit relativement à l'enseignement, il eut des succès et reçut les
félicitations de son évêque.

Sa carrière était toute tracée et il
semblait qu'il n'eût plus qu'à la suivre.

Point du tout : il avait à compter avec
sa fougue et sa versatilité ; son ambition

dut aussi l'inviter à abandonner une
position un peu prosaïque, peut-être, pour
aspirer à des satisfactions plus brillantes.

Emporté par son sentiment artistique,
il se jeta avec passion dans la prédication.
Sa parole entraînante retentit sous les voûtes
des cathédrales d'Angoulême, de Paris, de
Bordeaux et de tant d'autres grandes villes,
de même que dans les plus modestes églises
de la chaîne des Pyrénées.

Ce ne furent plus des succès, mais des
triomphes.

A Bordeaux, son éloquence passionnan-
te donna lieu à un scandale religieux. Des
applaudissements enthousiastes éclatèrent
au milieu de son sermon, honneur qu'il
partagea avec un seul orateur de la chaire,
l'illustre Lacordaire. (Sens esthétique,
amour du beau).

J. H. Michon avait une manière à
lui de porter la parole de Dieu aux popu-
lations rurales, et de combiner son apos-
tolat avec sa passion pour la botanique
et la géologie.

Il avait une voiture légère et un
cheval, qu'il laissait habituellement chez
son frère docteur en médecine à Baignes-
Ste Radegonde. Quand la saison des eaux
était arrivée, il venait prendre le véhicule
et le cheval docile animal qui se pliait à
toutes les fantaisies de son maître. Il installait
la boîte en fer blanc du botaniste, le marteau
du géologue, et partait allègrement en
conduisant lui-même. Chemin faisant,
il lisait, étudiait le pays, classait ses collections et écrivait. Quand il rencontrait des
sites où la flore lui promettait des décou-
vertes, des roches qui paraissaient révéler
des minéraux intéressants, il mettait pied
à terre, abandonnait cheval et voiture
un peu au hasard, tantôt dans la cour
d'une ferme, tantôt attachés au tronc d'un
arbre, et s'aventurait à la recherche
de l'inconnu.

Très-instruit, chercheur attentif, observateur judicieux, marcheur infatigable,
sobre comme un chasseur de chamois, il
ne ménageait ni le temps ni la peine,

et rapportait souvent des trésors.

Il a visité dans de telles conditions, pendant plusieurs années, presque toutes les stations thermales des Pyrénées, de l'Océan à la Méditerranée. (aptitudes scientifiques résultant de son organisation encyclopédique due au mélange équilibré de l'initiative et de la déduction; originalité, vivacité, ardeur.)

Entre temps, il écrivait sur la théologie, l'archéologie, la numismatique; envoyait des articles à des journaux politiques, rédigeait après coup des sermons toujours improvisés, etc, etc.

Il fit deux fois, avec M. de Saulcy, le voyage de la Terre Sainte, dont sa plume fit un récit des plus instructifs.

De ces deux voyages il rapporta un riche herbier, des monnaies antiques, des vases hébraïques et des fragments d'inscriptions peut-être contemporaines des plus antiques monuments de l'Égypte.

Il visita aussi l'Italie, terre classique

des arts dans une période de temps plus moderne. Des caisses remplies de poteries, de fragments de marbres romains, de tableaux de maîtres primitifs ou des premiers jours de la Renaissance, l'accompagnaient à son retour, comme pour témoigner de l'ardeur des investigations auxquelles il s'était livré dans les ruines de la péninsule italique. (Aptitudes scientifiques et goûts artistiques).

De toutes ces collections, que reste-t'il? quelques tableaux et quelques poteries cassées. Les pièces numismatiques n'ont pas laissé de traces. L'herbier a entièrement disparu. Les poteries hébraïques et étrusques étaient placées par leur propriétaire sur les aspérités et dans les niches naturelles des grottes de Montausier; c'était d'un joli effet. Mais les grottes situées dans le jardin étaient ouvertes à tout venant, et la grille du jardin n'était jamais fermée, même pendant la nuit. Ainsi abandonnée à la convoitise de tous, la collection de céramique diminua peu à peu; les pièces précieuses et intactes disparurent

les premières, ensuite les médiocres. Finale-
ment, il ne restait plus à la mort du bon
abbé que des débris et quelques pots fêlés
ou réparés. (*Désordre*).

Cette nature d'élite qui jamais n'avait
convoité le bien d'autrui, « ni sa femme,
ni son bœuf, ni son âne, » ne pouvait pas
croire à la mauvaise foi des autres. Malgré
de dures leçons, qui eussent dû lui donner
de l'expérience (bienveillance et manque du
sens pratique de la vie matérielle), il y
aurait au moins deux intéressants épisodes
à raconter sur les abus de confiance dont
J. H. Michon fut victime avec une bonho-
mie sans pareille ; mais il a été convenu
qu'on n'en parlerait pas : nous ne savons
pas pourquoi, nous qui n'aimons pas les
mystères, ni les cachotteries ; cependant
nous nous inclinerons devant les désirs
que nous n'avons pas à discuter. Disons
seulement qu'il s'agissait de sommes si
considérables que, malgré l'activité de
sa production littéraire, il ne parvin-

jamais à réparer ses pertes.

Parmi ses œuvres, la série du Maudit et sa lettre au cardinal Antonelli occupent une place à part et ont un caractère spécial de gravité au point de vue de sa sécurité d'ecclésiastique. Dans la série du Maudit, il dévoilait, en toute connaissance de cause, la rapacité insatiable, l'esprit de domination et la politique déloyale reprochés à la Compagnie de Jésus.

Dans sa lettre au Cardinal Antonelli, il se prononçait ouvertement contre le dogme de l'infaillibilité, dont la définition était sur le point d'être proposée au Concile.

La lettre était signée.

La série du Maudit portait cette désignation: « l'abbé *** », l'anonymat était un voile transparent qui protégeait mal l'abbé J. H. Michon. Tous ses amis intimes et bien d'autres savaient à quoi s'en tenir. Jamais il ne mit sa pensée sous le boisseau et la fit toujours retentir librement dans la chaire, dans ses conférences et presque sur la place publique , où il prononça plusieurs fois des discours républicains. Cependant, il sut écarter de sa tête les foudres du Vatican. (aptitudes diplomatiques.)

Il disait encore la messe dans l'église de Baignes-Ste Radegonde, sa paroisse, quinze jours avant sa mort, et il s'endormit du grand sommeil muni des sacrements de l'Eglise.

L'instabilité de notre vénéré maître était extrême. Il semblait qu'il ne pût plus rester fidèle à une étude, qu'il éprouvât un besoin irrésistible de changement aussitôt qu'il avait remporté un plein succès.

Nous avons vu qu'il passa de l'instruction à la prédication, qu'il entremêlait d'archéologie, de botanique, de géologie et de publications diverses.

Chaque fois qu'il se livrait à un nouveau travail intellectuel, il le faisait avec passion, et ne songeait plus aux choses qui l'avaient précédemment enthousiasmé. C'est ce qui explique l'abandon où il laissa son herbier, ses monnaies antiques, ses vases rapportés de si loin, des manuscrits inachevés. (Versatilité.)

Sa dernière passion, la plus tenace de toutes, fut la graphologie. Il lui resta fidèle jusqu'à la mort, tout en continuant diverses publications politiques ou théologiques à temps perdu.

La graphologie fut son œuvre. C'est sur elle qu'il fonda sa gloire présente et posthume.

C'est la fille de son génie.

Nous ne saurions ni le blâmer ni le railler, nous ses disciples fervents et respectueux.

Ses meilleurs ouvrages disparaîtront ; l'archéologie de la Charente, ses sermons, les lettres à Junias (Alexandre Dumas fils), la série du Maudit s'effaceront de la mémoire des hommes.

La graphologie restera.

L'ambition, que nous avons notée comme une des trois dominantes de J. H. Michon, paraît difficile à admettre chez un homme si simple, si désintéressé, et beaucoup se récrient au mot d'ambition.

Son ambition, cependant, si hardi-
ment accusée par ses lignes ascendantes
qui semblent monter à l'assaut, ne peut pas
être contestée par un graphologiste.

Ce qui fait qu'elle échappe à un
examen superficiel, c'est qu'elle n'avait
rien de vulgaire. Jamais il n'a couru
ni après la richesse, ni après les honneurs.
Pourvu qu'il eût de quoi faire face, au
jour le jour, à ses modestes dépenses, il ne
s'inquiétait pas du lendemain; et lui qui a
répandu sa pensée sur la France et le
monde civilisé pendant un demi-siècle, il
est descendu dans la tombe sans avoir reçu
une palme de l'Académie ou de l'Université,
qu'on distribue avec une telle prodigalité
qu'il suffit pour les obtenir d'avoir écrit cent
pages médiocres.

Non, il n'était pas ambitieux comme
le marchand qui ne vit que pour gagner une
fortune, ou comme l'homme médiocre et
vaniteux qui ne rêve que décorations.

Il voulait arriver à la gloire par ses
propres forces, par sa seule valeur, après avoir

essayé un peu de tout et avoir fait en toutes
choses preuve de supériorité, il s'arrêta
à la graphologie, parcequ'il sentit qu'il
était arrivé à son but.

Il a découvert une loi de la nature.
Il est classé grand homme.

Tel fut l'homme de bien dont nous
déplorons tous la perte, dont Mme George
Sand, graphologiste intuitive, a résumé
le portrait en ces mots :

« Prodigalité de bons instincts. »

A. V.

On se souvient du bruit qui se fit autour d'un livre intitulé le Maudit, et signé l'abbé ***.

L'auteur se cachant avec soin, on attribua la paternité de cet ouvrage à plusieurs écrivains. L'un d'eux se défendait si habilement, qu'on finit par croire qu'il était réellement l'auteur. On se trompait, un prêtre avait écrit ce livre; il s'était dépeint quelque peu sous les traits d'un de ses personnages, l'abbé Julio; j'ai la bonne fortune de posséder une lettre de ce prêtre, qui fut aussi éminent par son savoir, son esprit, que par son caractère profondément honnête; je la livre à la publicité, car elle fait bien connaître l'auteur du Maudit, et elle constitue un plaidoyer éloquent contre le célibat des prêtres, plaidoyer écrit par un prêtre et par conséquent par un homme autorisé à traiter cette importante question.

O. A.

Une lettre inédite
de l'auteur du Maudit
à Madame ···

Vous m'écrivez la lettre d'une femme d'esprit et de cœur, et mieux encore, d'une femme délicate ; cela m'attache à vous.

J'ai vécu toute ma vie de ces attachements de cœur qui, en vertu d'un vœu, sont forcés de ne rien demander aux sens ; et j'ai eu des affections (toutes maintenant recouvertes par des tombes) qui étaient l'amour le plus passionnel, le mélange le plus chaud des âmes, moins la volupté de la possession dernière des êtres aimés.

Or, dans la grande loi du fabricateur de l'espèce humaine, la loi de la reproduction de l'espèce a été attachée à l'amour des âmes. Chez les espèces inférieures c'est l'inverse ; la reproduction tient rigoureusement au besoin physique, impérieux, inconscient de l'accouplement.

L'expérience a prouvé, et j'en suis un exemple, que des amours de 40 ans, aussi ardents que l'imagination puisse les supposer, ont pu subsister sans les joies sensuelles de l'amour. C'est évidemment une preuve de la profonde différence qui sépare l'amour intellectuel de l'amour physique.

Mais ces exceptions, très-probablement excessivement rares et dues à nos civilisations sous l'influence de l'idée de la virginité conservée comme supérieure au mariage, ne doivent compter en rien, comme loi.

L'enfant doit naître de l'amour. Il faut donc une autre union que celle des âmes, et aux souffles chauds du cœur, il faut les étreintes brûlantes des sens. Cette seconde loi est aussi divine que la première. Seulement chez les espèces inférieures, l'accouplement est

presque toujours fécond ; et l'homme, le
seul être qui fasse l'amour perpétuellement,
comme disent les naturalistes, n'arrive à
produire que tous les 2 ans et souvent
tous les 4 ou 5 ans ; souvent même les
unions sont stériles ; et dans les familles
privées d'enfant, l'amour des âmes comme
celui des sens n'en est que plus ardent,
irrité par ce désir si légitime d'avoir des
enfants, la grande joie, la grande volupté
des familles.

L'amour pris dans le sens abstrait
est donc la grande supériorité de l'espèce
humaine ; mais non pas l'amour purement dans les joies du cœur, mais simul-
tanément avec les joies des sens. Ce que
Lamartine dans Jocelyn a appelé le
complément de vie appliqué à l'amour
non sensuel n'est pas vrai. Le complément de vie dans la loi du suprême
créateur est la double union du cœur et
des sens.

Je ne sais pas pourquoi je me suis
cité, sinon que pour vous dire que ces

amours exceptionnelles qui ont toute la
chasteté extérieure de l'amitié et toute la
flamme de l'amour sont des rêves auxquels
il ne faut jamais se livrer. Ce que ce rêve
heureusement accompli nous a coûté de
luttes, de combats avec la femme aimée,
E. de V., femme si distinguée que j'ai
perdue récemment, ne saurait se dire. Elle
me disait souvent : Si nous venions à nous
oublier, je sais combien vous souffririez !

Et ce fut elle qui eut toujours le courage
de la résistance !

Nous n'avons qu'une seule fois dans
40 ans partagé la même chambre nuptiale,
où elle dormait purement comme un ange
toutes les nuits, ce fut la nuit qui suivit
son dernier soupir, et où je voulus que
nul que moi ne veillât ma chère défunte.
Nos noces se sont faites dans la mort.

Ces plaisirs d'amour sans les sens
que nous avions résumés dans nos lettres
par ce signe : A. S. R. (amour sans remords)
doivent être fortement déconseillés en morale.
Dieu ne les bénit, quand ils arrivent dans

trop d'écueils au bout de la vie, que parcequ'ils ont été conçus par des enfants, je
voulais dire par des âmes enfantines. Et
le proverbe dit : il y a un Dieu pour les
enfants et pour les ivrognes.

Nous avons été préservés lorsque nous
devions brûler mille fois. Elle était si remar-
quablement belle !

Aujourd'hui c'est une consolation
après notre séparation suprême, mais une
consolation dont vous comprendrez toute
l'exquise joie de penser que j'ai eu le bonheur
étrange, exceptionnel, de ne pas souiller
cette grande nature.

Et cependant nous étions au rebours du
vrai, nous faisions tous les jours la violation
d'une loi divine, d'une loi naturelle, loi née,
loi non donnée, dit profondément Cicéron,
loi que notre être n'a pas le droit de laisser
de côté, sous prétexte d'une perfection. Et
le plus curieux, c'est que l'un et l'autre
nous savions que cette union par le fait
si pure des sens était un acte contraire
à la volonté de Dieu. C'était donc

pour plaire à Dieu en observant un vœu
de chasteté, que je savais que je déplai-
sais à Dieu.

Par raison, par religion supérieure,
je devais obéir à la loi divine et épouser la
femme aimée.

Par conscience, par respect pour un
engagement sacré pris dans mon sacerdoce,
je ne voulais pas obéir à la loi supérieure;
le sentiment me retenait dans l'observa-
tion de la loi de la discipline ecclésiastique,
loi évidemment inférieure.

Voilà comment nous avons vécu.

J'écris la vie de cette angélique créa-
ture qui a été une femme de lettres distinguée, dont je vous ferai lire les ouvrages,
et qui était ma collaboratrice dans ....

....

Ce volume ne sera pas mis en vente. J'y
mettrais trop de choses intimes, dans le
genre de cette lettre, pour aller livrer nos
deux cœurs et nos saintes amours à tous
les profanes. Il sera seulement adressé

aux disciples de .... pour que
l'obole qu'ils m'enverront puisse payer le
bronze d'une statue qu'un sculpteur de
Paris élève à notre chère E. de V. C'est
vous dire qu'il y aura un volume réservé
pour vous.

Je suis accablé de travail, mais homme
de sentiment plus que de raison, je me suis
abandonné à vous dans ces huit pages que
je ne regrette pas. Tous les sensitifs trouvent parfois d'agir plus en vertu de l'im-
pression première que de la raison calme
et froide qu'ils ne connaissent guère.

Mon écriture vous dit ma féminité,
la vôtre me dit votre virilité, cela ne
prouve pas que vous n'ayez beaucoup
de cœur et que vous ne compreniez
admirablement tout mon griffonnage,
que je ne retirerai pas et dont vous tirerez
la conclusion que vous voudrez.

Impⁱᵉ G. Plasse, rue du Treuil, St Étienne.